HISTOIRE

DE

L'IMPRIMERIE EN PORTUGAL

PAR

JOSEPH KUGELMANN

PARIS

IMPRIMERIE TYPOGRAPHIQUE DE KUGELMANN

13, rue Grange-Batelière, 13.

—

1867

HISTOIRE DE L'IMPRIMERIE

EN PORTUGAL

HISTOIRE

DE

L'IMPRIMERIE EN PORTUGAL

PAR

JOSEPH KUGELMANN

PARIS

IMPRIMERIE TYPOGRAPHIQUE DE KUGELMANN

13, rue Grange-Batelière, 13.

—

1867

Sa Majesté

DOM LOUIS IER

Roi de Portugal et des Algarves.

AVANT-PROPOS

Dire qu'en Portugal, comme chez les autres
nations de l'Europe, la découverte de l'imprimerie amena ce fécond développement d'idées
dont nous recueillons chaque jour le fruit, c'est
constater un fait qui ne peut être contesté par
personne ; mais ce qu'il importe de relever dans
l'histoire générale de l'imprimerie, c'est l'accueil

sympathique, la protection sérieuse que reçut des rois de Portugal la magnifique invention de Guttemberg et les marques de bienveillance que ne cessèrent d'accorder à l'imprimerie les glorieux monarques, dont le sceptre s'étendit si longtemps sur lèmpire des mers.

Quand on interroge avec soin les annales de ce royaume, qui chaque jour tend à reprendre sa place parmi les grands États, il est facile de distinguer au milieu des événements, des agitations et des commotions politiques, un souffle vivifiant, novateur, progressif, qui, partant du trône, s'en va animer la nation et lui donner l'amour des grandes choses et le désir de se distinguer par son patriotisme et ses belles actions.

C'est à Henri le Navigateur que revient l'honneur d'avoir créé toute une pléïade de hardis explorateurs, de marins sans rivaux, de fiers conquérants qui plantèrent l'étendard Portugais sur tous les points du Nouveau Monde et dotèrent leur pays des richesses immenses que la pensée divinatrice de Henri avait pressenties.

Ce héros de la colonisation fit ruisseler l'or au

milieu de son peuple; dom Manuel lui prodigua les trésors de l'intelligence.

Ce fut ce grand roi qui, accueillant avec une faveur marquée les imprimeurs étrangers qui arrivaient en Portugal, où ils apportaient la connaissance et le perfectionnement de leur art, les comblait d'honneurs et de bienfaits et formait de la sorte ces excellents ouvriers qui devaient imprimer tous les beaux livres que, malheureusement, le tremblement de terre de Lisbonne anéantit deux siècles plus tard.

Il était réservé au roi actuel, Dom Louis 1er, l'un des souverains de notre époque le plus véritablement ami des lettres, des arts et des sciences, de s'inspirer des traditions de ceux de sa race, et de donner à l'imprimerie un tel essor que ses produits firent l'admiration des visiteurs de l'Exposition Universelle, venus de tous les points du monde.

Nous avons pensé qu'il serait bon et utile à une époque où on recherche avec soin tout ce qui est de nature à éclairer les points obscurs du passé, d'apporter une pierre à l'édifice commun et de montrer comment, alors que presque

partout, même en France, l'imprimerie était re-
gardée avec défiance par les Souverains, et les
imprimeurs, considérés comme les propagateurs
d'un art diabolique. et soumis à de rigoureuses
mesures répressives, le Portugal se montrait
ouvertement le protecteur de l'une et une terre
hospitalière pour les autres.

CHAPITRE PREMIER

DE L'INTRODUCTION DE L'IMPRIMERIE EN PORTUGAL. — SES COMMENCEMENTS. — COUP-D'ŒIL SUR L'ÉTAT GÉNÉRAL DU PAYS. — SES SOUVERAINS.

HISTOIRE DE L'IMPRIMERIE

EN PORTUGAL

CHAPITRE PREMIER.

DE L'INTRODUCTION DE L'IMPRIMERIE EN PORTUGAL. — SES COMMENCEMENTS. — COUP D'ŒIL SUR L'ÉTAT GÉNÉRAL DU PAYS. — SES SOUVERAINS.

L'époque de l'introduction de l'imprimerie en Portugal n'est pas fixée d'une manière précise et deux opinions sont en présence : l'une veut qu'une imprimerie ait fonctionné en 1466 à Leiria, ville portugaise de la province d'Estramadure, que le roi Henriquez avait enlevée aux Maures.

L'autre niant l'initiative de Leiria, place à Lisbonne les premiers établissements typographiques et refuse d'admettre qu'aucun livre ait été imprimé avant l'année 1488.

De nombreuses discussions ont eu lieu à ce sujet, et des écrivains, adoptant un terme moyen, ont assigné 1470 comme une date plus probable.

Toutefois, comme ces derniers ne s'appuient que sur des raisonnements hypothétiques, nous préférons nous en tenir aux deux opinions que nous venons de mentionner, et citer les autorités sur lesquelles elles se basent.

Voici ce que rapporte à ce sujet l'auteur de l'*Essai statistique* dans une note explicative d'un passage de son livre où il traite de la typographie : « Cet art admirable, qui, inventé par l'Allemand Guttemberg à Mayence, a eu une si grande influence sur la civilisation des peuples modernes ; cet art, ministre de l'immortalité, dépositaire des grandes pensées de l'homme, comme il l'est de ses grandes erreurs, » et qu'il dit avoir été introduit en Portugal presque en même temps qu'en Italie, ainsi qu'il l'apprit d'un des plus savants académiciens de Lisbonne.

« Nous croyons indispensable de présenter les faits sur lesquels nous appuyons une assertion qui diffère tant de l'opinion universellement reçue et de celle adoptée par M. Petit-Radel dans son intéressant ouvrage intitulé : *Recherches sur les bibliothèques anciennes et modernes.*

« L'abbaye des bénédictins de Subiaco, petite ville de la campagne de Rome, ayant été la première, après quelques villes d'Allemagne, à posséder une typographie entre 1465 et 1467, nous en avons inféré que si Leiria en possédait une dès l'année 1466, comme prétend l'avoir demontré Antonio Ribeiro dos Santos, les Portugais partageraient avec les Italiens l'honneur d'avoir été les premiers qui aient introduit chez eux l'art de l'imprimerie. »

Voici les faits sur lesquels est fondée l'opinion de cet académicien portugais.

Ils sont tirés d'une savante dissertation insérée dans le second volume des mémoires de la littérature portugaise de l'Académie royale des sciences.

Pedro Affonso de Vasconcellos, né à Leiria, dit dans son ouvrage : *La concorde des rubriques du droit canon*, à l'article *Renuntiatione*, que la ville de Leiria fut la première qui, en Espagne, ait possédé l'art d'imprimer en caractères métalliques, inventés par Jean Guttemberg, à Mayence, en appuyant son assertion sur le témoignage du célèbre Pedro Nunès et sur celui d'autres savants dont l'autorité n'est pas moins respectable.

Soares da Silva, membre de l'Académie d'histoire portugaise, rapporte dans les *Mémoires de Jean I*er qu'il avait vu dans la bibliothèque du cardinal de Souza (de la famille d'Arronches) un livre in-4°, contenant les poésies de l'infant Dom Pedro, qui portait à la fin, la déclaration que lesdites poésies avaient été imprimées neuf ans après l'invention de l'art de l'imprimerie. Cet exemplaire fut détruit dans l'incendie de 1755, de même qu'un autre appartenant au comte de Vimieiro et sur lequel le comte d'Ericeira avait fait un rapport à la susdite Académie. Ce dernier exemplaire manquait, comme le premier, de l'indication du lieu et de l'époque où il avait été imprimé ; seulement, le comte d'Ericeira ajoute

dans son rapport à l'Académie qu'il avait été imprimé six ans après la découverte de l'imprimerie à
Bâle.

Ces trois faits nous ont amené tout naturellement
à en tirer les circonstances suivantes :

1° Que l'assertion de Pedro Affonso de Vasconcellos, sur la priorité de sa patrie dans toute la Péninsule pour l'introduction de la typographie chez
elle, gagne un nouveau degré de force quand on
considère que Vasconcellos ayant publié son ouvrage
à Coïmbra en 1588, il n'était pas assez éloigné de
l'époque de l'introduction de l'imprimerie à Leiria
pour oser soutenir un fait qui ne fut pas vrai ou de
notoriété traditionnelle.

2° Que Leiria ayant été la première ville de la Péninsule qui eût possédé des presses, les poésies de
l'infant Dom Pedro, qui furent imprimées neuf ans
après l'invention de la typographie à Mayence, peuvent être très bien sorties de l'imprimerie de Leiria.

3° Que l'assertion du comte d'Ericeira doit être
rejetée d'abord, parce que l'imprimerie n'a pas été
inventée à Bâle, mais à Mayence ; ensuite parce que
cet art ayant été introduit à Bâle en 1474, et les
poésies ayant été publiées six ans après, savoir en
1480, Leiria n'aurait pas été la première ville de la
Péninsule dans laquelle on eût imprimé, comme le
dit Vasconcellos, puisque Valencia d'Espagne, selon
Diodado Caballero, avait imprimé un Sallustre, dès
l'année 1475.

4° Que l'on ne peut tirer aucune conséquence en

faveur de l'antiquité de l'imprimerie de Leiria lorsqu'on admet ensemble, comme Antonio Ribeiro dos Santos, les deux faits cités par Soares da Silva et par le comte d'Ericeira; puisque, selon le premier, cette ville aurait eu une imprimerie dès l'année 1457 en comptant les années depuis l'invention, et en 1466 en les comptant, comme il est beaucoup plus probable, après la date du célèbre Psautier, tandis que selon le second, Leiria n'aurait eu d'imprimerie qu'en 1480, par conséquent beaucoup plus tard qu'un plus grand nombre d'autres villes de la Péninsule et d'autres parties de l'Europe.

5° Que Leiria, ayant alors une école célèbre de Juifs, il était tout simple que leurs relations avec l'Allemagne leur fissent connaître tout aussitôt une découverte si merveilleuse; quoi qu'ils ne l'aient adoptée pour l'exercer constamment qu'en 1481, lorsque l'imprimeur israélite Jacob Ben Acher établit une imprimerie à Lisbonne, dans laquelle il publia le livre du Sepher.

6° Qu'il est très probable que les Juifs de l'école de Leiria profitèrent de l'occasion favorable que leur offrait cette découverte pour s'attirer la bienveillance d'un prince qui revenait de ses longs voyages avec la réputation d'un homme très éclairé, en lui offrant un exemplaire de ses poésies imprimé dans leur ville.

7° Que ses dernières inductions acquièrent un nouveau poids si l'on remarque que les premiers imprimeurs en Portugal furent des étrangers, soit des Juifs venant de l'Italie, soit des chrétiens de l'Allemagne ; et que la grande distance qui sépare Mayence et Leiria, ne doit pas être calculée, lorsqu'on sait que l'imprimerie fut introduite à Subiaco, Rome et Venise, avant de l'être à Spire et à Bâle, qui étaient si voisines de la patrie de Guttemberg, et qu'on la voit en pleine activité à Ferrare, Bologne, Florence, Naples, Vérone, Milan, Trévi, Jesi, Foligno et Paris, avant ou en même temps que plusieurs villes de l'Allemagne très peu éloignées de Mayence. Malgré toutes les raisons par lesquelles nous avons tâché d'étayer l'opinion d'Antonio Ribeiro dos Santos, il faut avouer qu'elle est bien loin d'être sans réplique et nous n'oserons jamais l'exposer affirmativement, tant que l'on ne pourra donner de preuve absolument concluante que les poésies de l'infant Dom Pedro ont été imprimées à Leiria ou dans toute autre ville de Portugal neuf ans après l'invention de l'imprimerie à Mayence, car les conséquences que nous en avons déduites, reposant entièrement sur les faits sus-mentionnés, tombent d'elles-mêmes lorsque l'existence de ceux-ci n'est pas démontrée de manière à lever tous les doutes.

Aussi, quoique M. Balbi ait cru devoir se montrer favorable à l'opinion émise par l'académicien Ribeiro dos Santos, il s'est bien gardé de s'y ranger d'une façon absolue et à son tour, un homme des plus compétents en pareille matière, l'auteur de la notice abrégée de l'imprimerie nationale de Lisbonne résout négativement la question en ces termes :

« Des écrivains portugais de bon renom ont prétendu que la typographie était déjà venue en Por-

tugal dès l'an 1470 ou 1474, et que ce fut la ville de
Leiria qui, la première dans la péninsule hispanique,
vit imprimer avec des caractères mobiles. Cependant
il nous semble que cette opinion, inspirée certes par
un très louable sentiment d'honneur patriotique, ne
mérite pas d'être adoptée, n'étant pas fondée sur des
preuves et des témoignages capables de renverser
tous les doutes et de répondre aux objections que
naturellement elle suggère. On peut néanmoins assurer que la sublime invention de l'immortel Guttemberg est connue et se trouve en usage chez nous,
du moins, depuis le milieu de l'année 1488 ; puisque
une nette et très correcte édition du *Pentathcuque*
hébraïque, imprimée à Lisbonne, fut mise au jour,
portant la date de l'année 1489. C'est toutefois pour
notre pays, un bonheur indisputable, que d'avoir
devancé, dans ce progrès, d'autres nations bien plus
puissantes telles par exemple que la Russie, où l'art
typographique n'eut accès qu'en 1565. »
Il serait inutile d'accumuler ici les différentes
pièces d'un procès qui roule en définitive sur une
différence de vingt ans, et en l'absence de preuves
évidentes, établissant d'une manière indiscutable que
l'imprimerie fonctionnait à Leiria en 1466, conten-
tons-nous de celle qui atteste qu'un livre portugais
porte la date de 1489 et suivons à travers les siècles
la marche ascensionnelle de cet art, protégé d'une
manière si efficace par les souverains portugais,
qu'on voit le roi Dom Manuel, par une ordonnance
spéciale du 20 février 1508, accorder à tous ceux qui
l'exerçaient les grâces, les priviléges, les libertés et

les honneurs dont jouissaient les gentilshommes de sa maison.

Mais d'abord, et avant d'aller plus loin, jetons un coup d'œil sur la situation morale et politique du Portugal, à l'époque de l'invention de l'imprimerie, c'est-à-dire dans la seconde moitié du XVe siècle.

C'était alors que le Portugal était dans tout le rayonnement de sa splendeur : Alphonse V, dit l'Africain, avait étendu ses conquêtes jusque dans l'intérieur de l'Afrique, et l'infant Dom Henri, ou plutôt Henri le Navigateur, le fécond génie qui, selon l'expression d'un écrivain moderne, avait étonné l'Europe entière par la profondeur et la justesse de ses observations, Henri le Navigateur, disons-nous, avait attaché à la couronne du Portugal ses plus riches fleurons, en la dotant de possessions immenses, fruit de ses admirables découvertes.

Quel caractère héroïque, quelle physionomie magnifique que celle de ce grand prince !

Confiné par amour de la science sur son rocher de Sagres, a dit le baron de Septenville, le prince jetait sans cesse ses regards sur la mer, cette mer qu'il épie sans trève ni relâche, dont il veut connaître les secrets, cette mer contre laquelle il luttera jusqu'à ce qu'il l'ait forcée à lui livrer les trésors qu'il devine et qu'elle s'obstine à lui cacher.

Mais revenons à notre sujet.

Et d'ailleurs tous ces vaillants rois Portugais, tous ces glorieux monarques, dont le sceptre s'étendait sur toutes les contrées d'outre-mer, ces souverains illustres dont les nombreux vaisseaux revenaient chargés d'or et de métaux précieux ne furent-ils pas tous des héros !

Que le trône soit occupé par la maison d'Avis ou par celle de Bragance, on vit sans cesse les rois de Portugal travailler à l'agrandissement du pays et au bonheur de leur peuple.

Au quinzième siècle comme au dix-neuvième, le roi n'avait qu'une pensée : encourager tout ce qui était de nature à augmenter le bien être général et la réputation du nom Portugais.

Et ce fut grâce à ce royal essor, grâce à l'intelligente et féconde impulsion donnée par les rois, que tant de grandes choses s'accomplirent sur le sol lusitain.

Nous parlons de la seconde moitié du quinzième siècle :

En 1456, Alfonse V passe en Afrique avec une flotte de 200 voiles et une armée de 20,000 combattants et prend successivement Alcaçar, Arzilla, Tanger, tandis que Diniz Fernandez découvre l'archipel du cap Vert et que Cadamosto aperçoit le Sénégal, la Gambie et le Rio-Grande et que les navigateurs Pédro de Cintra et Suero de Costa poussent des reconnaissances jusqu'à Sierra-Léone !

Pendant ces expéditions, le roi ne négligeait aucun autre soin et fondait le glorieux ordre de la Tour et de l'Épée, qui s'est perpétué jusqu'à nos jours dans toute sa splendeur et son éclat.

Ne sait-on pas d'ailleurs que les quinzième et seizième siècles furent des siècles de merveilles pour la Péninsule hispanique ?

En 1471, Jean de Santarem et Pierre Escobar découvrent la Côte-d'Or et passent la ligne équinoxiale; Fernando Po découvre les îles de Saint-Thomas, du Prince, d'Annobon, et de celle à laquelle il donne son nom ; on termine sous le nom d'ordonnances Alfonsines le monument législatif qu'on devait observer dans tout le royaume pour que la nation entière fût régie par les mêmes lois.

Ce magnifique groupe d'ordonnances est une des plus belles pages du règne d'Alfonse V, qui eut aussi la gloire de signer une paix honorable avec le roi de Castille.

Si nous rappelons ici les principaux événements de ce règne, c'est qu'il est bon de donner une idée de ce qu'était le Portugal avant que le mouvement des idées, fils de l'imprimerie, n'y eût pénétré.

Donc il faut encore ajouter aux grands faits de ce règne, le privilége du commerce avec l'Afrique, cédé, par le prince à Fernand Gomez, l'un de ses sujets, moyennant une redevance de 200,000 reis par an, à la condition toutefois que Gomez découvrirait cinq cents lieues de côtes dans l'espace de cinq ans, à raison de cent lieues chaque année.

Ce traité fut signé en 1469 et les deux parties contractantes n'eurent qu'à s'applaudir de l'avoir signé.

Les découvertes de nouvelles terres étaient alors la grande affaire, l'unique souci, la grande préoccupation des Portugais, excellents navigateurs, hommes d'action, sans cesse surexcités et animés par les exemples que ne cessaient de leur donner leurs rois, ils accomplissaient chaque jour de grandes choses sans même paraître s'en apercevoir.

Toute la durée du règne de Jean le Grand, le Portugal fut une succession non interrompue de victoires et de conquêtes. Est-il besoin de les citer?

C'est d'abord leur établissement dans la Guinée où Diego d'Azambuja jette les fondements du fort de Saint-Georges della Mina ; la découverte du Congo, par Diego Cano, en 1484 ; la prise d'Azamor sur les Africains, la superbe expédition de Barthélemi Diaz doublant le premier l'extrémité méridionale de l'Afrique, appelée d'une manière significative par lui le cap des Tourments, nom que Jean II changea en Cap de Bonne-Espérance, pour exprimer toute la joie qu'il ressentait du résultat obtenu et dont avec sa science de divination, il prévoyait bien la suite, — c'est-à-dire la possession de l'Inde ; aussi se hâta-t-il d'y expédier Pierre de Covilham et Alphonse de Païva, deux des hommes dont le nom seul dispense de tout commentaire, car il signifie fidélité et dévouement.

Si maintenant, laissant de côté les efforts maritimes et couronnés de succès des vaillants lieutenants de Jean II, nous jetons un coup d'œil sur l'état intérieur du Portugal, nous voyons le pays prospérer sous l'impulsion de son roi. Infatigable au travail, s'occupant de tout avec une activité sans exemple, il s'efforçait de tout voir par lui-même, et le soin qu'il mettait à surveiller les moindres rouages de son gouvernement, faisaient dire à un ambassadeur parlant de lui :

— J'ai vu un homme qui commande à tous et à qui nul ne commande.

Ce prince éclairé avait un amour profond pour les lettres et pour les arts qu'il cultivait lui-même avec succès ; — c'est de tradition d'ailleurs en Portugal, et de nos jours le roi actuel, S. M. Dom Louis Ier eût été un artiste de premier ordre, si la destinée ne l'avait fait naître pour régner sur un peuple qui l'idolâtre.

C'était l'époque où les premières lueurs de la Renaissance éclairaient un horizon nouveau, jaloux de participer et d'accélérer cet heureux mouvement. Jean II attira à sa cour de nombreux savants et artistes qu'il destinait « à naturaliser en Portugal cette « littérature et ces arts dont l'Italie conservait seule « le précieux dépôt. »

Il était tout naturel que sous un tel prince les imprimeurs fussent justement considérés ; ils trouvèrent dans la personne de Jean II un protecteur infatigable.

CHAPITRE II

SECONDE PÉRIODE DE L'IMPRIMERIE. — LE MARQUIS DE POMBAL.—FONDATION DE L'IMPRIMERIE NATIONALE.

CHAPITRE II.

Seconde période de l'imprimerie. — Le marquis de
Pombal.—Fondation de l'imprimerie nationale.

Lorsqu'en 1462, Adolphe, comte de Nassau, soutenu par le pape Pie II, s'empara de la ville de Mayence, on sait que son premier soin fut de lui retirer ses libertés et ses priviléges ; aussi tous ceux qui travaillaient à l'imprimerie s'enfuirent et portèrent leur industrie dans différents pays. — Le Portugal les accueillit à bras ouverts.

L'Europe entière profita de cette dispersion, et, en moins de douze ans, de bons livres furent imprimés partout.

Aussi ce fut bien certainement à cette circonstance favorable, aux résultats de la nouvelle industrie, que l'imprimerie dut d'offrir partout les mêmes types productifs.

En Portugal, les livres primitifs étaient à peu près, comme en Allemagne ou en France, d'une simplicité extrême ; ils étaient dénués, non-seulement de leurs

principaux titres et lettres capitales qu'on laissait
en blanc pour les faire peindre et enluminer, mais
du titre courant des chapitres, du chiffre, des réclames et des signatures.

Cependant, comme les imprimeurs se trouvaient
fort embarrassés pour assembler et disposer par ordre toutes les feuilles et cahiers des gros livres, ils
s'avisèrent de prendre les premiers mots des quatre
premières feuilles de chaque cahier qu'ils impri-
maient assez près les uns des autres, en observant
seulement de laisser une certaine distance qui pût
servir à faire connaître l'ordre et la disposition des
cahiers, ce qu'ils appelaient *registrum operis*, ainsi
qu'on le voit à la fin des très rares livres des dernières
années du xv° siècle, qui ont échappé à la destruc-
tion.

Cette méthode était sujette à de grands inconvé-
nients : elle exigeait une grande patience et les re-
lieurs s'y méprenaient souvent ; néanmoins, elle sub-
sista au Portugal longtemps après que l'Allemagne
l'eût abandonnée.

Cependant on finit par en reconnaître les nombreux
désavantages et on chercha d'autres moyens.

On imagina d'abord les réclames, ensuite le chiffre qu'on mettait même à chaque ligne, et enfin les
signatures. Quant aux caractères employés pour
l'imprimerie, les romains ne furent d'un usage général à Lisbonne que dans le commencement du
xvi° siècle et lorsque Robert Grand-Jean eût tenté
de remplacer les romains par les italiques en 1570,
quelques essais de ce genre eurent lieu, mais ils ne

furent pas suivis et on continua à se servir du caractère romain.

Si l'Allemagne cite avec orgueil les noms d'Amerbach, de Commelin et de Wechels, parmi ceux de ses plus illustres imprimeurs, si en Italie on y rencontre ceux d'Alde, Manuce et de Bomberg ; en Suisse, ceux de Froben et d'Oporin ; en Hollande, ceux d'Elzevir, de Jansson, de Blaen, de Morets, de Plantin ; en Angleterre, ceux de Foulio et de Brindley, et enfin si la France est fière des Estienne, des Colines, des Patisson, des Griphes, des Morel, des Vitré, des Nivelle, des Cramoisy et des Didot, le Portugal s'honore à juste titre de ceux des Barreiras, des Marizes, des Alvarès, des Craesbeek, des Galroes, des Manescaes, etc., etc.

Ces imprimeurs étaient versés dans la connaissance des langues anciennes, ils étaient savants et lettrés. Les premiers s'étaient formés à l'école des Allemands; initiés et exercés par eux à la pratique de l'art typographique, ils en saisirent bientôt toutes les nuances et apprirent à en surmonter toutes les difficultés.

Les types, les ustensiles, les presses venus d'Allemagne, fûrent conservés, mais néanmoins plusieurs ouvrages imprimés, soit à Lisbonne, soit à Leiria, soit à Braga, offrirent à un œil expert une certaine physionomie qui différait de celle spéciale aux livres imprimés soit en Italie, soit en Angleterre, et sans vouloir en aucune façon abaisser le mérite des imprimeurs espagnols, tels que Ibarra, de Madrid, et Benito Monfort, de Valence, on trouve en Portugal des éditions qui, certes, valent bien comme netteté

de tirage, régularité de caractères, celles justement
estimées qui sortent des presses de ces imprimeurs
de mérite.

Il est étrange que Adrien Balbi, dans son appen-
dice à la géographie littéraire, ait manifesté sa sur-
prise de voir que les Portugais, après avoir montré
tant d'empressement à introduire la typographie
dans leur métropole, aient été si longtemps avant
d'emporter l'usage dans leurs vastes possessions
américaines « où seulement, dit-il, depuis 1808, on
« commença à imprimer à Rio-Janeiro, par les soins
« du ministre d'état Araujo. »

Évidemment, il y a là une erreur manifeste, puisque des documents authentiques prouvent que dès
l'année 1560, Goa, l'opulente métropole du vaste
empire lusitanien en Asie, possédait une imprimerie,
et que toutes les autres contrées, soit de l'Amérique
soit de l'Orient, firent usage de l'impression presque
aussitôt après avoir été découvertes ou conquises.

En effet, c'était un des premiers soins des intrépi-
des navigateurs qui plantaient l'étendard Portugais
sur un sol nouveau, d'y apporter la typographie, et
les missionnaires ne manquèrent jamais, de leur côté,
d'y faire pénétrer les livres saints et d'enseigner
comment, à l'aide de la précieuse invention, on par-
venait à tirer autant d'exemplaires qu'on le désirait,
soit des évangiles, soit de tout autre pieux volume.

Et naturellement, le Brésil ne fut pas le dernier
lieu où l'imprimerie pénétra, comme semble le faire
supposer l'auteur que nous avons cité.

Disons plus, le Portugal n'eût pas jugé à propos

d'introduire l'imprimerie au Brésil qu'elle y serait venue quand même ; l'exemple ne manque pas pour démontrer que certaines nations refusèrent d'abord de se servir de cet art dont elles craignaient la puissance, mais elles ne tardèrent pas à s'apercevoir qu'elles faisaient fausse route, et elles reconnurent vite l'inutilité de leurs efforts, bientôt chaque peuple eut ses imprimeurs et ses presses.

Ce fut ainsi que nous voyons des livres datés de Macao en 1590, et quelques années plus tard (1593), le centre du Japon offrir à son tour son contingent typographique.

Il est donc notoirement acquis que, loin d'avoir songé à priver ses colonies du bienfait de l'imprimerie, le Portugal s'empressa de l'y acclimater.

Quiconque d'ailleurs connaît ou interroge l'histoire de ce vaillant peuple, ne peut s'empêcher de constater qu'à toutes les époques, les rois de Portugal, même ceux qui sacrifièrent le plus au goût des combats et des expéditions lointaines, tinrent à honneur d'inspirer à leurs sujets l'amour de la science et de l'étude.

'Et c'est peut-être à ce motif qu'il faut attribuer la suprématie évidente, incontestable, que ce royaume sut conquérir et conserver sur tout le reste de la péninsule hispanique, suprématie qui augmente sans cesse et qui s'accuse de telle sorte que le penseur, sondant l'avenir, y voit le symptôme non équivoque d'une renaissance du Portugal d'autrefois, qui, sans effort, sans secousse et rien que par la voie progressive dans laquelle il marche sans cesse, s'élève, se grandit, se fortifie et s'affirme au fur et à mesure que l'Espagne épuisée, tarie, semble peu à peu destinée à une prochaine décomposition organique.

Dans la première période de l'imprimerie, comprise entre les années 1467 et 1500, trois villes possédaient des presses, savoir : Lisbonne, Leiria et Braga; à ces trois villes s'ajoutèrent successivement de 1500 à 1536 Almeirim, Coïmbra, Evora, et Setubal, tandis que l'Inde portugaise fournissait Salsète près Goa.

Depuis 1536, plusieurs autres endroits du Portugal, selon que rapporte le mémoire de l'académicien Antonio Ribeiro don Santos, ainsi que ses possessions en Orient, fondèrent des imprimeries.

C'est ainsi que dans le XVIe siècle, on en trouve établies à Alcobaça, Almeirim, Braga, Coïmbra, Setubal, Villaverde et Viseu. Dans le XVIIe outre Lisbonne, Evora, Coïmbra, Porto et Braga, nous trouvons Alemquer, Bemfica, près de Lisbonne, Benavente, Bucellas Carnota, Goa, Lordello dans le Tras-os-Montes, Macao, Nangazachi au Japon, Rio-Janeiro, Salsète, Viana do Minho et Villa Viçosa.

Les Portugais avaient encore à cette époque une typographie à Canton et une autre à Hiang-Xan, dans la Chine.

Quant au nombre des ouvrages imprimés il fut de prime-abord relativement assez considérable.

Si nous adoptons l'année 1489 comme date des premières impressions, nous voyons qu'outre l'édition du Penthateuque Hébraïque, un autre ouvrage sortit également des presses de Lisbonne : ce fut les *Commentaires de Robbi Moschis Nachnanidis*, in-folio.

En 1550, d'après une curieuse statistique tirée d'un livre officiel, Lisbonne possédait cinq imprimeurs et cinquante-quatre libraires.

La plus importante de ces imprimeries était celle de Germain Galhardo, comme la première librairie était celle de Gil Marinho, libraire de l'Infant Dom Luiz et qui demeurait dans le propre palais du prince.

L'imprimerie fit d'ailleurs des progrès incessants en Portugal, et lorsque le duc du Chatelet y fit son voyage il constata l'état florissant de cette branche de l'industrie.

« J'ai vu, dit-il, des *Mémoires historiques et généalogiques sur les grandes maisons de Portugal* publiés en 1742, une troisième édition des *Chroniques des rois de Portugal*, par Duarte Nunez do Liao, qui parut en 1773 ; une *Vie de l'historien Joaquim de Barros*, qui a été mise au jour cette année (1778), et plusieurs autres ouvrages modernes très passablement imprimés.

A son tour, M. Bourgoing, annotant et commentant le récit du duc du Chatelet ajouta : « Ils ont donné en 1786 une belle édition en trois volumes in 4° de la chronique de *Palmerin d'Inglaterra* imprimée chez Simon Thadd Ferreira ; en 1782, les *Éléments du droit naturel social et des gens*, par La Croix ; en 1789, trois volumes in 8° traduits de l'anglais, et ayant pour titre *Epitome da historia de Portugal* ; en 1793, un *Dictionnaire de langue Portugaise* etc., etc., et autres ouvrages qui ne sont pas inférieurs, quant à l'impression, à ceux qui sortent de nos presses.

Le marquis de Pombal, le Colbert du Portugal, avait d'ailleurs puissamment encouragé l'imprimerie, et tous les mémoires publiés sur le grand marquis sont d'accord sur ce point.

L'un d'eux traitant de l'administration de Sébastien Joseph de Carvalho et Melo comte d'Oeyras s'exprime de la sorte :

« Le ministre savait que pour jeter de l'émulation dans les arts, il faut encourager les artistes par des récompenses. Tous les hommes sont ambitieux, l'habileté suprême consiste à profiter de ce vice pour en faire une sorte de vertu, car la perfection des arts et métiers en est une, surtout depuis que la république est subordonnée à des besoins que le luxe de chaque condition rend utiles et qui, sans être de première nécessité, sont néanmoins indispensables. »

Le marquis de Pombal protégea particulièrement le célèbre Nicolas Pagliarini, imprimeur, qui, pour s'être déclaré authentiquement contre les jésuites, avait été banni de sa patrie par le Pape Clément XIII.

C'était un titre pour que le ministre le protégeât particulièrement : c'est ce qu'il fit, en lui donnant des marques continuelles de sa bienveillance. Il le fit réhabiliter à Rome par Clément XIV, qui le créa chevalier de l'Éperon d'or. Le docteur Joseph de Siabra da Sylva, qui s'était déclaré contre les jésuites dans un ouvrage rempli d'anecdotes et de faits concernant cette congrégation, qu'il eût peut être mieux valu laisser dans le silence et l'oubli que de les faire paraître au grand jour, mérita encore plus particulièrement sa protection. On ne trouve point dans l'histoire de son ministère aucun de ses favoris qu'il ait tant distingué, à qui, surtout, il ait donné tant d'autorité. Il l'avait déjà revêtu de la charge la plus importante de la couronne. Il voulut le faire nommer d'abord ministre de la marine, à la mort de son frère Mendoza ; mais ayant changé de dessein, il le fit son adjoint dans l'emploi de secrétaire d'Etat de son département. Ceux qui croyaient que ce ministre voulait régner seul et s'approprier toute l'autorité suprême, furent étonnés de voir qu'il la partageât avec cet homme ; mais on ne voyait pas en même temps que Siabra n'était que l'agent subalterne du ministre qui, sans lui communiquer ses vues et ses desseins, ne l'employait, si on peut s'exprimer de la sorte, qu'à la mécanique du gouvernement politique.

Le marquis de Pombal imaginait, créait, Sialva exécutait d'après ses ordres, sans savoir précisément où ils iraient et ce qu'ils deviendraient.

On pourrait avec raison objecter à ceci que la protection accordée par le ministre à un homme exerçant la profession d'imprimeur n'est pas une preuve concluante de la bienveillance qu'il portait à l'art typographique en général ; aussi n'avons-nous rapporté cette épisode de la carrière administrative de Pombal qu'à titre de renseignement, mais il est un autre fait qui prouve sans réplique combien le ministre tenait l'imprimerie en haute estime et combien il avait à cœur de l'encourager.

C'est la création d'un institut à la fois modèle et école pour toutes les branches de la typographie, dont il conçut le plan, dont il étudia tous les rouages et qu'il fonda après en avoir soumis le projet au roi Joseph Ier, dont les vues s'accordaient si bien avec celles du ministre quand il s'agissait de donner à son peuple un nouveau gage de sa sollicitude et de sa prévoyance.

Avant de passer aux détails de cette fondation, disons de suite que l'ordonnance constitutive de l'Imprimerie royale est du 24 décembre 1768, c'est-à-dire treize ans à peine après l'épouvantable désastre qui ruina Lisbonne.

Cette date seule est toute une révélation.

Elle montre par quel effort de volonté, de génie et de persévérance, le roi Joseph était parvenu avec l'aide de son ministre à reconstituer Lisbonne, non-seulement matériellement, c'est-à-dire en rebâtissant les édifices renversés, en construisant une ville nouvelle sur les ruines fumantes de l'ancienne, mais encore à pourvoir à tous les besoins physiques et moraux des habitants, en rétablissant tous les services publics, en réorganisant tout ce que les éléments conjurés avaient forcément détruit ou brisé.

La création de l'imprimerie royale est une des grandes institutions qui signalèrent le règne si beau du roi Joseph II.

Ses résultats sont là pour le prouver.

C'est aux renseignements officiels que nous allons puiser ; ce fut dans le palais seigneurial de Dom Fernando Soares de Noronha, situé à Lisbonne, près le collége des Nobles, que fut installée l'Imprimerie royale, sous la direction et l'administration de Miguel Manescal da Costa; chef de la typographie la plus estimée de Lisbonne et qui était devenue propriété de l'Etat.

Aussitôt établie, on songea à joindre à l'imprimerie une fonderie de caractères, et celle de Jean de Villeneuve, alors à la charge du conseil du commerce, fut annexée à l'établissement, ainsi qu'une école de gravure, à la tête de laquelle fut placé Joaquim Cameiro Silva, l'un des premiers graveurs portugais.

Enfin, un édit du 31 juillet 1769 ajouta une fabrique de cartes à jouer à l'administration générale.

La traduction de la notice abrégée va nous donner tous les renseignements désirables sur cette imprimerie, l'une des plus belles de l'Europe.

« L'administration de Miguel Manescal da Costa occupa une vaste période de trente deux ans, pendant laquelle l'illustre imprimeur répondit toujours à la confiance qu'il avait méritée et justifia le crédit qu'il s'était procuré. D'après les anciens registres et catalogues que conservent nos archives, on voit que depuis 1769 jusqu'à 1801 (à part les pièces éventuelles peu importantes), on a publié 1230 volumes, dont plusieurs tels que les *Principes de grammaire hébraïque*, le *Dictionnaire Italien et Portugais*, la *Selecta optimorum græcæ*, les instructions de langue arabe, le *Missale Romanum* et *l'arte de Cavallaria* peuvent certes être comparés dans leur genre à ce que l'on imprimait de mieux à cette époque dans des pays plus avancés.

« Lorsque tous les ateliers de l'Imprimerie royale se trouvèrent définitivement montés, on y comptait

56 employés et ouvriers, nombre qui s'élevait à 82 en 1801, ce qui révèle déjà sensiblement un progrès, mais le surcroît de sa recette le démontre d'une manière plus incontestable, quand on reconnaît que le chiffre en était de 87,874 fr. en 1770 et qu'il montait à 213,756 fr. en 1801.

Après le décès de Manescal da Costa, l'administration de l'Imprimerie royale fut commise, par l'édit du 7 décembre 1801, à une commission désignée sous le nom de Junte administrative, économique et littéraire composée de personnes très-qualifiées entre lesquelles se rehaussaient par leur talent et leur savoir les directeurs littéraires, Custodio José de Oliveira, Joaquim José da Costa e Sa, Hipolyto José da Costa Pereira et le P. José Mariano da Conceiçao Velloso.

« Cet autre mode d'administration ne répondit pas à l'attente publique ; toutefois, malgré certain désaccord entre les directeurs, les désastreuses conséquences de l'invasion de l'armée française, la retraite de la famille royale au Brésil et le transfèrement du siége du gouvernement à Rio de Janeiro, on a toujours avancé quelques pas. La commission eut une sollicitude toute particulière pour l'école de gravure ; et Joaquim Carneiro Silva étant mort, la direction de cette école fut confiée au fameux graveur italien Francisco Bartolozzi, invité à cette place par le gouvernement avec de bons honoraires. La fabrication des cartes offrant toujours la source la plus abondante de recettes s'était aussi notablement perfectionnée.

« Dans la dernière année de l'administration de la commission (1810), le personnel de l'Imprimerie royale s'était élevé à 98 individus, les revenus se montant à 222,220 francs environ.

« L'expérience ayant démontré l'inefficacité du système de l'administration établie par l'ordonnance du 7 décembre 1801, celle-ci fut révoquée par une autre du 21 mai 1810, par laquelle la commission était abolie et Joaquim Antonio Xavier Annes da Costa, ci-devant trésorier de la Junte chargé de diriger l'Imprimerie royale comme administrateur général, subordonné seulement au président de la trésorerie royale. Annes da Costa était un homme aussi doué d'intelligence que d'activité; il tâcha de s'acquitter le mieux possible de la charge qui lui était confiée. Il reste de lui des témoignages honorables de zèle pour le service public et pour les progrès de l'art typographique. C'est à lui qu'on doit l'introduction en Portugal (1809) des pressés Stanhope et de grands travaux de réparation de l'édifice, dans le domaine utile, ainsi que les améliorations devinrent par son initiative, possession de l'État; on lui doit en outre des mesures et instructions concernant le bon ordre des usines et ateliers divers.

« Pendant l'administration d'Annes da Costa et celle de Luiz Torquato de Figueiredo (dont la nomination au directorat général, due le 17 juillet 1822 à des motifs politiques, fut révoquée le 24 juillet 1823, son prédécesseur rentrant en possession de cette charge) époque qui s'écoula depuis 1811 jusqu'à 1833 environ. Deux mille volumes furent publiés; plusieurs desquels offrent les conditions voulues pour distinguer les meilleures éditions d'un ouvrage, et pour bien en apprécier le mérite, une parfaite régularité dans le travail de la composition, une révision scrupuleuse, l'impression fort nette et la qualité du papier d'accord avec la destination, et l'importance de l'ouvrage. Nous citons spécialement le *Missale Romanum* (1821), dont on a imprimé aussi quelques exemplaires sur du vélin.

« Depuis 1811 jusqu'à 1821 le revenu de l'Imprimerie royale atteignit une moyenne annuelle de 286,916 fr. ; mais les circonstances pénibles du pays, tantôt en proie à l'envahisseur, tantôt déchiré par de malheureuses luttes civiles, ont entraîné des pertes, et ce revenu, depuis 1822 jusqu'à 1832, descendait à une moyenne annuelle de 222,382 fr.

« Un inventaire fait en 1825 constata toutefois l'existence d'un capital de 1,490,300 fr. en valeurs de toute espèce. »

Anne de Costa quitta l'Imprimerie royale en 1833, lors de la chute du gouvernement de Dom Miguel.

Ce fut à partir de ce moment que cet établissement prit et adopta définitivement la qualification d'Imprimerie Nationale qu'il a conservée jusqu'à ce jour.

Toutefois, il est bon de dire que ce ne fut pas en raison d'un caprice politique que le mot national se trouva ainsi substitué au mot royal, ce fut en raison de ce que cette imprimerie, qui jusqu'alors se trouvait placée sous la direction immédiate de la maison du roi, fut mise sous la dépendance du ministre de l'intérieur.

« Depuis 1833 jusqu'à 1838, dit la *Breve noticia*, des personnes éminentes dans la politique et dans la littérature, telles que Rodrigo de Fonseca Magalhâes, Antonio de Oliveira Marreca et José Liberato Freire de Carvalho, ont présidé à l'administration de l'Imprimerie nationale, où l'on essaya encore une fois (11 décembre 1835 à 27 juin 1836) le système des commissions, mais tout de même avec un faible avantage ; malheureusement les désordres de ce temps-là n'ont pas permis à ces administrateurs de montrer leur compétence et de déployer leurs vastes connaissances au profit de l'art et de l'établissement, auquel néanmoins plus tard, le premier de ces messieurs, étant ministre de l'intérieur, donna une protection et une assistance efficaces.

« L'ordonnance du 24 août 1838, en accordant une pension de retraite à Freire de Carvalho, nomma directeur général le bachelier en droit Joseph Frédéric Pereira Marecos. Il était doué d'un talent éminent, et l'Imprimerie nationale de Lisbonne lui est sans doute redevable d'être entrée avec résolution dans la voie du progrès constant.

« En subvenant sans relâche aux besoins de l'établissement, il eut le mérite de reconnaître ce dont manquaient ses ateliers et tout enflammé de l'ardent, désir de les élever à un plus haut degré de perfectionnement, il résolut pour pouvoir atteindre ce but d'une manière plus sûre et plus facile, d'entreprendre un voyage à l'étranger. Il partit en effet de Lisbonne le 9 juillet 1843, visita les principales imprimeries, fonderies de caractères et lithographies en Angleterre, en France et en Belgique, étudia avec attention les découvertes les plus modernes, et revint dans la capitale le 19 décembre de la même année, ayant acquis plusieurs machines et objets importants, entre autres, une excellente presse mécanique à deux cylindres, construite par Gaveaux et la machine à vapeur qui devait lui donner l'impulsion.

« Lorsqu'après une lutte vigoureuse soutenue avec une prudente énergie pour introduire des réformes auxquelles s'opposaient des usages vicieux et des préjugés opiniâtres, il commençait à recueillir les fruits ambitionnés de ses efforts, la mort vint le surprendre en le dérobant dans toute la force de l'âge, à l'amour de sa famille, au respect et à la reconnaissance de ses employés et ouvriers de l'Imprimerie nationale. »

M. le conseiller Firmo Augusto Pereira Marecos, frère du directeur décédé, fut appelé à lui succéder par décret du 27 décembre 1844, et c'est encore lui qui aujourd'hui est à la tête du magnifique établissement qu'il n'a cessé de faire progresser.

Mais avant d'examiner la situation actuelle de cette imprimerie, la première sans conteste de la péninsule, retournons un peu en arrière et voyons quel était l'état de l'imprimerie particulière au commencement du XIXᵉ siècle.

CHAPITRE III.

TROISIÈME PÉRIODE DE L'IMPRIMERIE. — STATISTIQUE.
L'IMPRIMERIE A L'EXPOSITION UNIVERSELLE.

CHAPITRE III.

Un document statistique, rédigé par M. Teixeira
Aragào sur les tableaux bibliographiques de M. d'Al-
meida, va nous éclairer sur l'état exact de l'imprimerie pendant les vingt premières années du siècle.

D'après ce travail, il résulte que de 1801 à 1820
(exclusivement), il a été imprimé en Portugal 1766
ouvrages se subdivisant de la manière suivante :

En 1801, 126 ouvrages, dont 84 originaux, 33 traductions, 4 périodiques et 5 réimpressions d'œuvres
modernes.

En 1802, 60 ouvrages dont 37 nouveaux, 17 de traductions, 2 périodiques et 4 nouvelles éditions d'œuvres modernes.

En 1803, 147 ouvrages dont 126 inédits, 16 traduits, 4 périodiques et une nouvelle édition.

En 1804, 106 ouvrages dont 54 originaux, 41 traductions, 6 périodiques, 3 nouvelles éditions et
1 réimpression (d'œuvre ancienne probablement).

En 1805, 56 ouvrages dont 27 originaux, 24 traductions, 2 périodiques, 1 nouvelle édition et 2 réimpressions.

En 1806, 96 ouvrages, dont 56 originaux, 33 traductions, 6 périodiques — pas de nouvelle édition, mais 1 réimpression d'ancien livre.

En 1807, 86 ouvrages, dont 42 originaux, 38 traductions, 1 périodique, 3 nouvelles éditions et 2 réimpressions.

L'année 1808 ne fut pas relevée, elle manque au tableau.

En 1809, 132 ouvrages dont 100 originaux, 22 traductions, 7 périodiques, pas de nouvelles éditions, mais 3 réimpressions.

En 1810, 86 ouvrages dont 43 nouveaux, 13 traductions, 2 périodiques, 1 nouvelle édition.

En 1811, 175 ouvrages dont 138 nouveaux, 34 traductions, 2 périodiques, 1 nouvelle édition.

En 1812, 69 ouvrages dont 58 nouveaux, 8 traductions, 2 périodiques, pas de nouvelle édition, 1 réimpression.

En 1813, 67 ouvrages dont 56 nouveaux, 6 traductions, 3 périodiques, pas de nouvelles éditions, 2 réimpressions.

En 1814, 59 ouvrages dont 41 nouveaux, 12 traductions, 2 périodiques, 1 nouvelle édition, 3 réimpressions.

En 1815, 95 ouvrages dont 58 nouveaux, 29 traductions, 3 périodiques, 2 nouvelles éditions, 3 réimpressions

En 1816, 81 ouvrages, dont 57 originaux, 15 traductions, 6 périodiques, 1 nouvelle édition, 2 réimpressions.

En 1817, 122 ouvrages, dont 76 originaux, 39 traductions, 1 périodique, 6 nouvelles éditions, pas de réimpressions.

En 1818, 92 ouvrages dont 56 originaux, 22 traductions, 4 périodiques, 8 nouvelles éditions, 2 réimpressions.

En 1819, 101 ouvrages, dont 56 originaux, 26 traductions, 2 périodiques, 3 nouvelles éditions, 14 réimpressions.

Dans ces chiffres ne sont pas compris les ouvrages publiés par l'Académie des Sciences et de l'Académie de Coïmbra, qui s'élèvent à 116, en ajoutant de 80 à 100 pour l'année 1808, on arrive à environ 2,000 ouvrages pour ces vingt années, soit 100 ouvrages par an.

Certes, ce chiffre, comparé à ceux que pourrait produire un semblable relevé dans d'autres pays, en France, par exemple, serait bien peu important, mais il faut tenir compte des circonstances fâcheuses qui accompagnèrent la fin du siècle précédent, pendant la durée du règne de dona Maria Ire et celles qui suivirent la signature du traité de 1801 jusqu'au départ du régent pour le Brésil, trois invasions françaises, la ruine du commerce, la misère générale. Ce ne fut guère que depuis l'avènement de Jean VI que le Portugal commença à se relever ; — il est vrai que depuis les immenses progrès qu'il a faits étonnent à l'Europe et qu'on se demande par quelle puissance du génie, ce royaume est arrivé en quelques années à prendre place parmi les nations les plus avancées.

C est à ses souverains que le Portugal doit cette prodigieuse élévation — mais revenons à l'imprimerie.

En 1820, il s'imprimait donc tant à Lisbonne, Coïmbra et Porto que par les typographies royales, de l'Académie des Sciences et de l'Université, tant en livres qu'en journaux, almanachs et calendriers, éphémérides nautiques, répertoires, catalogues commerciaux, affiches, annonces, imagés de saints, pour environ 1,230,000 fr.

On voit par cet exposé que, loin d'être à cette époque, sous le rapport littéraire, aussi arriéré que le prétendent certains esprits hostiles, le Portugal, au contraire, avait singulièrement marché depuis le jour où, tout meurtri encore des suites du fatal tremblement de terre qui avait anéanti à Lisbonne tout ce qui était littérature, art, science ou industrie, il avait vaillamment, noblement, essayé de se relever de ses ruines et de montrer au monde, tout surpris, qu'il suffit de l'initiative d'un grand roi et des talents d'un ministre habile pour parer à tous les événements.

Quand on songe à ce que fit Joseph Ier avec l'aide de Pombal, on demeure plongé dans l'étonnement et l'admiration, mais la maison de Bragance est une de celles dont l'histoire burine sans cesse les faits glorieux et les qualités précieuses, et chacun de ses membres semble avoir fait du bonheur du Portugal le seul souci de sa vie.

Le goût des livres avait d'ailleurs pris un rapide

essor à cette époque, et au moment où le travail statistique que nous venons de citer fut relevé, des impressions remarquables s'étaient faites, beaucoup de livres utiles, un grand nombre d'ouvrages scientifiques étaient annuellement mis au jour.

L'Académie des Sciences de Lisbonne faisait imprimer chaque année un gros volume in-fº de mémoires, un volume d'éphémérides nautiques et un journal astronomique calculé sur le méridien de Lisbonne.

Indépendamment de ces ouvrages, elle présidait aussi à l'impression d'une quantité de livres originaux ou traduits du français, de l'anglais et de l'espagnol.

Ses traductions étaient relativement plus nombreuses que les ouvrages originaux et cela s'explique facilement ; l'impression des livres nouveaux était entravée par l'observance de formalités prescrites : les religieux, — ou plutôt, disons le mot, l'Inquisition exerçait un contrôle absolu, et avant qu'un livre fût publié il fallait qu'il passât par la censure royale, ensuite par les mains de l'évêque, libre d'approuver ou de défendre l'impression et, enfin par celles de l'inquisiteur jugeant en dernier ressort. Faut il demander si ces différentes censures pouvaient favoriser l'établissement d'ouvrages nouveaux !

On voit, par les dates des permissions placées à la fin des livres imprimés à Lisbonne, qu'il s'écoulait deux ou trois ans avant qu'on obtînt les trois permissions nécessaires. L'introduction des livres fabriqués à l'étranger était encore plus difficile, puisqu'à leur entrée sur le territoire portugais, ils étaient immédiatement saisis par un commissaire de l'Inquisition, seul juge de savoir s'il était convenable d'en permettre la circulation dans le royaume, et ils n'étaient autorisés à être lus, qu'après avoir été l'objet d'un examen attentif de sa part.

Ce fut en 1769 que le roi Joseph, pour remédier à des abus de pouvoir nombreux dans ces circonstances, établit un tribunal royal de censure, fonctionnant régulièrement et qui fût chargé de tout ce qui est relatif à l'imprimerie et à la librairie

Adrien Balbi, que nous avons plusieurs fois cité, constate, dans ses travaux sur le Portugal, la suprématie, comme nombre, des traductions sur les livres nouveaux, et en parlant de l'impression :

« Nous pouvons assurer, dit-il, que, malgré le peu de profit pécuniaire qu'ont offert depuis longtemps en Portugal toutes les entreprises littéraires, le nombre des bons ouvrages traduits ou écrits en original sur les différentes branches qui forment le sujet de ce chapitre, surpasse de beaucoup ce qu'on aurait pû attendre d'une nation dont la population est si peu considérable et placée dans des circonstances aussi désavantageuses. Il est même très remarquable que malgré la connaissance bien plus générale en Portugal qu'en Espagne, de la langue française, le nombre des traductions des bons ouvrages d'histoire et de littérature écrits en français, soit, toute proportion gardée, plus grand que parmi les espagnols.

« C'est ainsi que les ouvrages de Fénelon, de

Rollin, de Montesquieu, de Millot et d'une foule d'autres écrivains célèbres, sont depuis longtemps connus de tous les Portugais.

« Les traductions portugaises des meilleures tragédies de Corneille, de Racine et de Voltaire, des meilleures comédies de Molière et même de beaucoup d'écrits philosophiques ont paru depuis longtemps. Des obstacles insurmontables s'étant opposés à la publication d'ouvrages originaux sur l'histoire nationale ou étrangère des derniers temps, il ne faut pas s'étonner si des productions précieuses enfantées par le zèle actif de quelques littérateurs éclairés sont restées ensevelies dans leurs portefeuilles. »

Nous avons dit que le goût des livres avait naturellement dû développer les progrès de l'imprimerie; ce qui constate l'existence de ce goût, ce sont les nombreuses bibliothèques que le xixe siècle vit se former ou s'augmenter d'une manière sensible.

Sans compter la bibliothèque Nationale, celles du couvent de Jésus, du couvent de San-Francisco, du couvent de San-Domingos, de Saint-Vincent de Fora, de l'hospice royal de Notre-Dame de Necessitades, de l'Académie Royale des Sciences, la bibliothèque du roi à Ajuda, celle du couvent de Belem, la superbe bibliothèque de Coïmbra, étaient citées au commencement du siècle.

Aujourd'hui, non seulement les bibliothèques publiques, mais celles particulières abondent.

Et il suffit, pour se rendre compte de leur alimentation successive par le produit des presses portugaises, de jeter un coup d'œil sur l'état actuel de l'Imprimerie nationale en consultant le document officiel qui servit pour l'exposition universelle.

Mais d'abord, terminons cette revue des vingt premières années du siècle, en disant qu'à Lisbonne, en 1821, on ne comptait que dix établissements typographiques, en dehors de l'Imprimerie royale et de celle de l'Académie Royale des Sciences.

Parmi ces établissements, les plus considérables étaient ceux de Rolland, de Thadéo, de Galhardo et de Lacerda, le nombre des presses y variait de trois à dix.

Il n'existait alors à Coïmbra que la seule imprimerie de l'Université, qui possédait douze presses.

Porto en avait trois : l'une d'elles, dirigée par la veuve Alvareis Ribeiro, comptait un siècle de durée.

En somme, le nombre des imprimeries portugaises était de seize, —nombre peu élevé et qui cependant suffisait pour mettre à jour une quantité considérable d'ouvrages, nous l'avons dit.

Mais de 1821 à 1867 que de progrès accomplis ! que d'améliorations apportées dans toutes les branches de l'art typographique.

Faire l'histoire de ce progrès en Portugal, c'est faire celle de l'imprimerie en général.

Le temps, heureusement, n'est plus où la Péninsule, en dehors du mouvement qui se produisait chez les différentes nations européennes, restait pour ainsi dire stationnaire ou se contentait de suivre de loin l'impulsion donnée.

L'imprimerie est aujourd'hui à Lisbonne, comme dans toutes les autres villes du Portugal, arrivée à un état de perfectionnement que personne ne peut nier.

« Portée à la perfection dont l'Imprimerie nationale de Lisbonne nous donne l'exemple, disait récemment un publiciste français, témoin de ces progrès extraordinaires, la typographie est un art, et à ce titre elle mérite d'être signalée ; les travaux exposés par cet établissement sont d'un ordre tout à fait supérieur ; la netteté des caractères, le goût des agréments et l'élégance du tirage, les recommandent à la plus sérieuse attention des spécialistes et des amateurs de la belle impression.

C'est qu'en effet, chacun est frappé de cette supériorité incontestable de la typographie portugaise.

Mais disons de suite que rien ne fut négligé pour arriver à ce résultat.

Nous voyons M. le conseiller Firmo Augusto Pereira Marécos, directeur de l'Imprimerie nationale, poursuivre avec une persévérance inouïe et une ardeur infatigable le plan des perfectionnements, ébauchés sous la direction de son frère Joseph Frédérico.

Et non content d'étudier avec un soin minutieux tous les documents rassemblés soit par lui, soit par ses prédécesseurs, il fit plus : il voulut comparer le travail de l'imprimerie chez les nations voisines et examiner soigneusement les diverses méthodes en pratique.

Ce fut ainsi qu'en 1854, il parcourut l'Angleterre,

la Belgique et la France, pour s'instruire spécialement sur les procédés en usage, sur les instruments
de travail adopté, etc.

Le document officiel que nous avons sous les yeux
le constate.

Depuis le 9 août jusqu'au 14 décembre 1854,
il chercha à s'informer avec un grand soin de tout
ce qu'il y avait de remarquable en typographie,
acheta une autre presse mécanique à deux cylindres
(constructeur Nicolais), qui était déjà indispensable,
deux presses manuelles et plusieurs autres objets.
Ce voyage eut d'excellents résultats.

Nous ne faisons pas ici l'historique de l'établissement national dirigé par M. le conseiller Marécos, et
nous n'avons donc pas à nous occuper de l'organi-
sationdes différents services pas plus que de sa comp-
tabilité ou de toute autre branche de l'administration
telle que celle d'une caisse de bienfaisance au profit
des ouvriers.

Nous ne traitons que de l'Imprimerie en général
et de ses progrès comme art industriel, mais si nous
citons souvent l'Imprimerie nationale de Lisbonne,
c'est que là surtout, se trouvent réunis les types
les plus parfaits de caractères fondus dans l'établissement, des presses fabriquées à Oporto et dont l'ex-
cellence et le fini ne laissent rien à désirer, des
milliers de poinçons et de matrices de types et de
vignettes remarquables.

Et une innovation qu'on ne saurait trop signaler,
c'est que, dans les ateliers, des écoles spéciales,
dirigées par des artistes *ad hoc*, servent à former

des ouvriers typographes, dont le savoir embrase tous les détails de la profession.

Nous avons dit qu'en 1854, M. le conseiller Marécos avait voulu juger par lui-même du mérite des imprimeurs des peuples voisins ; en 1857, un compositeur et un imprimeur furent envoyés à Paris pour s'instruire à leur tour sur la façon dont le travail se faisait.

Comparer et juger, étudier sans relâche et sans cesse, chercher le mieux, n'est-ce pas vouloir arriver à la perfection ?

Or, tandis que l'Imprimerie du gouvernement faisait ainsi tous ses efforts pour se distinguer d'une façon si remarquable par ses belles impressions, les imprimeries particulières ne restaient pas inactives.

A partir de 1833, une sorte d'émulation générale se fit sentir et dans les diverses villes du Portugal, comme dans la capitale, ce fut à qui se piquerait de bien faire parmi les imprimeurs.

Le journalisme politique, scientifique et littéraire, fut d'ailleurs pour quelque chose dans ce mouvement, en multipliant le chiffre des imprimeries.

Aujourd'hui, on imprime dans toute les provinces aussi bien qu'à Lisbonne et d'ailleurs pourrait-il en être autrement, quand l'Imprimerie nationale déclare hautement que « bien loin d'être ennemie de l'industrie typographique, elle ne se regarde que comme sa sœur et coopératrice ; bien loin de prétendre l'asservir par le poids de son influence et de ses vas-

tes moyens, notre institut s'est toujours efforcé d'être
pour elle, autant qu'il le doit et qu'il peut le faire,
en harmonie avec la pensée qui précéda à sa création, une école utile un aide efficace.

« Les efforts que l'administration a employés, depuis bien des années l'ont mise en état de pouvoir
lui fournir les objets les plus essentiels dans des
conditions telles que, nulle part, peu probablement
du moins, il ne lui en serait offert d'aussi favo-
rables. Nos ateliers sont à tout moment ouverts à
l'examen et à l'étude, sans qu'il soit permis de cacher
aucun procédé utile ou méthode avantageuse à nos
travaux ; la divulgation facile et l'enseignement
en sont au contraire recommandés par le règlement;
tout cela joint à la manière dont nos ouvriers sont
considérés, et à l'ordre scrupuleux qui règne dans
toutes les dépendances de l'établissement, démontre
même aux personnes les plus défavorablement pré-
venues, que l'Imprimerie nationale de Lisbonne, sous
les auspices de Sa Majesté Très Fidèle et dirigée par
une administration pleine de zèle, n'a pas trahi son
devoir dans la mission civilisatrice que lui traça son
grand fondateur. »

Cela est parfaitement exact et, lorsque le glorieux
monarque Joseph Ier fonda une Imprimerie royale,
son vaste génie avait pressenti la voie large et féconde dans laquelle ne cesserait de se tenir le royaume soumis à son sceptre.

Et il voyait sans doute, à un siècle de distance, le
trône de Portugal occupé par ce noble continuateur
de l'œuvre qu'il avait entreprise, et dont chaque

acte gouvernemental est un bienfait pour son peuple.

L'Imprimerie, qui fut parfois une arme terrible, est aux mains des Portugais un élément essentiellement civilisateur et pacifique : c'est par elle que ses poètes et ses lettrés sont parvenus à faire connaître le Portugal, la nation guerrière, maritime, chevaleresque, comme la patrie des sciences, des lettres et des beaux-arts.

Oui, l'imprimerie fut pour beaucoup dans l'influence bienfaisante exercée par l'éducation ; en mettant à la portée de tous, en vulgarisant à l'étranger les produits de la littérature, le Portugal a marché à pas de géant dans la voie du progrès. C'est celle dans laquelle il restera désormais.

L'Imprimerie nationale de Lisbonne comprend quatre grandes sections : de typographie, de fonderie, de lithographie et de fabrication de cartes.

La première seule nous occupe, c'est d'ailleurs la plus importante.

Dans l'année 1848-49, son personnel était de 89 personnes et ses recettes s'élevaient à 178,092 fr. En 1856-57, ces chiffres étaient de 144 pour les personnes et de 333,837 pour les recettes ; enfin, en 1865-66, on compte 186 personnes et 482,581 fr. de recettes.

La progression est sensible.

La moyenne des féeries de chaque semaine a été en 1866 de 4,280 fr.; le maximum du salaire était à peu près de 12 fr., et le minimum de 2 fr. 50.

Enfin, les valeurs que représente la section typographique s'élèvent, selon le dernier inventaire, à 1,188,500 fr.

Veut-on maintenant savoir où en est l'industrie de l'imprimerie particulière en Portugal?

Ouvrons l'ouvrage de M. Alphonse Figueiredo : « *Le Portugal,* Considérations sur l'état de l'administration des finances, de l'industrie et du commerce de ce royaume, » nous y lisons :

« L'imprimerie, cette sublime invention de Guttemberg, cet art qui a pour ainsi dire donné la lumière au monde, a fait d'immenses progrès en Portugal ; c'est peut-être celui qui en a fait le plus. En comparant les impressions typographiques d'une quinzaine d'années, avec celles qui sortent aujourd'hui des ateliers de l'Imprimerie nationale, de ceux des frères Lallemant, fondeurs imprimeurs, auxquels ce pays doit la première impulsion de progrès, au prix de grands sacrifices, des imprimeries de Castro frères, et de Thomas Quintino Antunez, on peut se convaincre du grand changement qui s'est opéré dans la typographie et dans les arts correspondants, tels que la fonte des caractères, la gravure, etc.

Si maintenant nous examinons les principaux spécimens d'impressions envoyés par le Portugal à l'Exposition universelle de 1867, nous voyons les éditions de luxe rivaliser avec les plus magnifiques produits de l'imprimerie française.

Quelques-unes méritent une attention particulière.

C'est d'abord un épisode de l'œuvre de Camoens, imprimé en six langues : portugais, espagnol, italien, français, anglais et allemand, sur papier vélin des manufactures nationales. Les pages de ce superbe in-folio sont encadrées de filets imprimés en or et couleurs.

C'est un véritable chef-d'œuvre d'impression.

Ensuite, nous trouvons un programme du cérémonial approuvé pour les fêtes au mariage de la princesse de Portugal dona Maria-Anna en 1859.

Une charte constitutionnelle de la monarchie portugaise, suivie de l'acte additionnel; les caractères sont d'une grande netteté et le tirage est remarquable.

Les *Essais poétiques* de don Juan Bautista Sandoval.

Une biographie de Guttemberg, par M. de Lamartine, édition encadrée avec filets et coins.

Une seconde édition de l'épisode d'Inès de Castro et Adamastor du Camoëns, édition sur papier vélin, dont les pages sont encadrées de filets tremblés avec coins de fantaisie.

C'est un in-8° d'un magnifique aspect.

Rapport des commissaires des artistes de Lisbonne près l'Exposition internationale de Londres, grand in-8°, sur papier vélin, illustré de gravures sur bois.

*Hymne de Sa Majesté le roi don Luis I*er. Cette belle composition typographique est faite par le système de Schelter et Gieseck e de Leipsick et parfaitement réussie. L'impression est en or et couleurs; c'est une des belles pages de l'Exposition.

Un autre travail du même genre est l'*hymne du prince royal don Carlos Fernando*, édition grand in-f°, imprimée en or et couleurs; les caractères de musique, fondus spécialement, sont d'un très-beau type.

Les divers ouvrages que nous venons de citer suffisent amplement pour montrer le point culminant du progrès de l'imprimerie en Portugal ; ces éditions de luxe, établies avec un soin infini et plus qu'avec du soin, disons plutôt avec un goût exquis et une connaissance approfondie des procédés, peuvent très certainement rivaliser avec ce qui se fait de mieux en France et en Angleterre.

Une nation qui se bornerait à favoriser l'imprimerie de luxe, rendrait un service incomplet à l'art typographique : le rôle de l'imprimerie est de pénétrer, non-seulement chez les classes élevées qui ont l'amour du beau et savent apprécier les grandes et belles choses exprimées par les poètes et les grands écrivains ; mais il a surtout pour mission d'instruire les classes laborieuses en les initiant à la connaissance de tout ce qui est de nature à leur donner la lumière et à les moraliser.

Or, pour cela, c'est l'édition populaire qu'il faut, le livre à bon marché, facile à colporter et à tirer à grand nombre.

Ces éditions-là, le Portugal les fabrique avec succès.

Mais parmi les livres qui tiennent le milieu entre l'édition de luxe et l'édition commune, les volumes de liturgie sont particulièrement soignés comme exécution typographique, et un superbe missel romain attirait l'attention à l'Exposition universelle.

Nous ne faisons pas ici un compte-rendu des di-

vers spécimens exposés. Cependant, en dehors des livres ordinaires, il est une branche d'impression
dont l'Exposition a révélé la suprématie en Portugal :
c'est celle administrative.

Peu d'imprimeries ont la spécialité des tableaux
synoptiques ou autres, pour l'exécution desquels il
faut un matériel spécial et des hommes très habitués
à ce genre de travail.

Or, le tableau pour le service technique des ingé-
nieurs des chemins de fer du sud et du sud-est, ainsi
que le tableau de réduction des poids et mesures anciens au système métro-décimal, et *vice versâ* pour
le département de Lisbonne, sont de très beaux
ouvrages.

La composition de ce dernier tableau à 0^m935 de
largeur sur $0^m 625$ de hauteur est très remarquable,
de même qu'une série de tableaux et modèles pour
le service des ministères de la guerre et des finances et d'autres départements publics ; ils sont tirés
sur les presses mécaniques avec beaucoup de netteté
et de précision.

La fonderie des caractères donne au Portugal
d'excellents produits ; les caractères romains ont
beaucoup du type anglais et américain, les corps de
7 et de 6 sont très purs, et ils se lisent avec la même
facilité que ceux de 9 ou de 10 ; l'air circule librement
entre, et l'aspect d'une page en 6, interlignée à deux
points, est d'un très joli aspect.

De tout ce qui précède, il est donc bien avéré que
Lisbonne, Oporto et toutes les principales villes du
Portugal sont aujourd'hui en état, non seulement de

soutenir la lutte avec les grandes villes d'Allemagne, d'Angleterre ou de France, mais encore sur certains points, d'établir une supériorité non pas relative, mais réelle de leurs imprimeries.

Et on ne peut s'empêcher d'applaudir à cette heureuse transformation qui s'est accomplie dans les conditions d'être du Portugal. Cette puissance qui affirme chaque jour son initiative, qu'était-elle il y a cinquante ans?

L'ombre de l'antique Lusitanie dont les héroïques enfants furent les rois du Nouveau-Monde.

On en parlait comme le souvenir vivant d'un peuple fameux, mais enseveli pour ainsi dire dans la poussière du passé.

Aujourd'hui ce peuple, attirant à lui toutes les forces vives de la péninsule, montre avec un juste orgueil le chemin qu'il a parcouru dans la voie d'une rénovation complète, à la tête de laquelle manche un roi dont le règne fécond est aussi fertile en grandes choses que celui de son glorieux ancêtre Emmanuel le Fortune.

TABLE DES MATIÈRES

	Pages.
Avant-propos	7
Chapitre I	11
Chapitre II	25
Chapitre III	43